JN437947

꽃과 햇살 그리고 사랑

시 쓰는 사람들 동인지
제 10 집

이상범 추영수 최현선
정진수 이준안 이기은
윤소천 김정자 김인숙
김동진 김경희

사진 : 이상범 시인

을지출판공사

책머리에

인간은, 하늘과 땅과 바다를 품고 삶을 꾸리는 뭇 생명들의 경이로운 모습과 생태를 보며 상호 순환하는 리듬의 오묘함과 아름다운 향기에 감동하여 시를 씁니다.

인간은, 삶 속에서 갈등과 고뇌와 아픔에 부대끼면서도 꿈과 희망을 찾아 저항하며 개척하고 창조하면서 아름다운 시를 토해 냅니다.

또한, 신비한 정신세계를 유영하면서 무한한 상상의 유희를 시인들은 즐깁니다.

〈시 쓰는 사람들〉이 통권 열 번째로 시집을 내놓았습니다.
이 시집으로써 시를 사랑하는 모든 분들 가슴에 아름다운 꽃으로 피어나길 간곡히 기대해 봅니다.

2013년 10월

시 쓰는 사람들 회장 이 준 안

차 례

* 작가 순서는 가나다 역순

이상범

- 시조문학 3회 추천 완료(63년도).
- 문공부주최 예총주관 신인예술상 수석상 수상(64년도).
- 조선일보 신춘문예 당선(65년도) 등으로 문단 데뷔.
- 시 쓰는 사람들 고문
- 시집 : 〈신전의 가을〉〈별〉〈풀꽃 시경詩經〉 한국대표명시선100, 〈화엄벌판〉〈새가 열리는 나무〉 등 22권 출간.
- 문학상 : 이영도시조문학상(한국문학사), 한국문학상(한국문인협회), 중앙시조대상(중앙일보사), 육당시조문학상(동명사), 이호우시조문학상(청도군, 기념사업회), 가람시조문학상(문학사상사) 고산문학대상(해남군, 기념사업회) 등 수상. 한국시조시인협회장, 한국문인협회 시조분과회장, 한국시조사 대표 등 역임.
- 시 쓰는 사람들 동인 고문

- 전화번호 : 031-989-0308, 010-9041-6889
- 이메일: poetlee1004@naver.com

실톱질

\- 귀뚜리 선생에게

이 상 범

잠을 잃은 사람들의 잠꼬리를 잘라낸다
실톱으로 잘게 썰어 손거울을 들게 하고
다 태운 잠머리 이랑 재로 쌓인 꿈의 톱밥
가을 비 자박자박 밤을 뜯는 자진모리
외지로 떠난 생각 별로 잠겨 오지 않고
톱질 속 혼의 톱밥은 시 뉘를 골라내고 있다.

돌에게
-시정신을 위하여

이 상 범

네게서 바닥 물소리 가슴으로 엿듣는다
은입사*의 광맥에서 죽지소리 감지할 때
목숨은 투명한 협곡 날아가는 물총새.
이제 국화꽃을 생각하면 국화꽃 피고
해바라길 꿈꾸면 해바라기가 되었다
때로는 캄캄한 절망 거스르던 은어 떼.
우리 모두 죽어서 무슨 말로 깨어날까
아픔과 눈물 그리고 곡진한 삶의 파장
저 하늘 깃털구름의 옥빛 무늬 새겨질까.

* 은입사銀入絲 : 은줄을 새겨 넣어 장식하는 예술행위

미시령의 말

이 상 범

마른 풀 굴리며 가는 발해며 고구려의 티끌
쇠붙이 녹슨 혼이 눈보라의 화살로 박히고
아득히 북만주의 말발굽 산도 닳아 엎드렸다.
수리취 마른 꽃대 서슬 세운 눈꽃 바늘
앙상하게 찢긴 언어 부서져 내린 하늘 끝
철조망 위로 내민 총구銃口 저 희안한 병정놀이…….
등짐 진 하얀 입김 굳은 살의 내면을 흘러
페치카에 달군 생각 사진틀 속 연인은 웃고
종일을 눈 못뜨는 눈발 초소는 지금 명상의 성城.
줄 하나에 매인 교신 선하품에 눈을 굴린다
옛적 갑옷만 싫은 방한복은 누비옷이고
철책선 부근에 와 팔짱 낀 남과 북의 뽀얀 눈밭.
응시 너머 분지에 핀 잔대꽃은 진자주 빛
가슴에 묻은 말 싹이 터 홍조 띠며 언제 돌까
잉 잉 잉 불침 놓는 눈보라 반도 지금 웃고 있다.

작은 행복
-어느 요사채에서

이 상 범

싸락눈 흩뿌린 뜨락 큰 스님 작은 발자국

발자국 속 작은 모이 참새들이 쪼고 있다

오늘은 비질을 하지 말자 고요 속의 작은 행복.

다락 생각

이 상 범

마른 연잎 꺾인 대궁
서걱이는 동짓달은
바다도 일어서서
먹물빛 세우며 오고
눈발 선 하늘밑 다락은
깊은 장고長考에 들었다.
닫힌 문 창호지에
시 읊고 운韻 다는 소리
대숲에 든 선비의 달빛
국운을 칼질하고
오백년 벼룬 글 기운이
연꽃 받쳐 떠오른다.

화문석花紋席

이 상 범

국난의 회오리엔 섬이 자주 흔들렸다
아직도 나누인 아픔 잡힐 듯 서먹하지만
큰 소망 물살 두르고 무늬 놓는 꽃자리.
왕골의 겉대에 물들이는 꿈의 자투리
촘촘한 손끝에서 물소리도 피워 내고
더러는 바다 바람도 살짝 싸서 매어 본다.
틀 앞에 마주 앉아 세상살이 매운 얘기
오순도순 정도 묶고 눈물 그도 싸잡아서
사랑의 무지개를 지르면 그 이름은 화문석.
전등사 독경소리 자리마다 눈을 뜨면
그제야 학이 날고 비오리도 물살 가르고
솔바람 귓결에 얹고 희囍자 위에 앉아 본다.

화엄벌판

-양산 천성산에 원효설법의 화엄벌판과 바위
좌대가 있고 주변엔 억새꽃이 평원을 이뤘다.

이 상 범

억새꽃이 나부끼며 빛을 끌어 당긴다
몸 비벼 금빛 띠고 다시 비벼 은빛 띠는
아직도 섬찍 섬찍한 그 말씀의 영락소리…….
아득한 변방에서 물소리가 산을 오른다
망루의 높이에서 가슴을 치는 골물
내 눈빛 맑게 바래어 흩고 있는 억새꽃.
정수리 찍어대면 샘물 터져 뿜을까
좌대에 눈감으면 그 여운의 늪은 파고
잃은 것 얻은 것 없는데 밀짚모자 홀로 간다.
가을 하늘 한 장 떼어 거울경문 걸어 두면
뉘이며 일어서는 비늘 빛 화엄설법
육신은 보시로 올리고 바람 속에 든다.

백성 이야기

이 상 범

누군가 옛이야기 보자기를 풀고 있다
내력에 원색의 옷을 입히는 거친 손길
무섭지 않은 호랑이가 물감 쓰고 웃고 있다.
아자창 내지르는 발그레한 매화가지
안상엔 천도天桃 몇 개 받쳐 놓고 싶었겠지
해묵은 고서의 향기 봉황은 왜 깃을 털까.
정자는 물소리 세워 벼랑을 재고 있고
넘어도 넘어도 고개 뿐인 예순 생애
살다 간 조상의 발자국 곁눈질로 보는 눈.
문갑에 쌓인 고요 닦으면 날이 서고
청댓잎 어른대다 달의 몸을 찌를 때면
병풍 속 잠자던 수탉 홰울음을 울었다.

추 영 수

- 자목련빛 봄 향기
- 초가을 아침 햇살
- 늦가을 들녘
- 나의 신
- 넌 할 수 있어
- 월출月出
- 한강은 흐른다
- 제 몫의 신비

- 1961년 '현대문학지'에 시 추천완료로 등단
- 靑眉詩동인, 한국문인협회, 한국시인협회, 기독시인협회, 기타
- 서울중앙여자중 · 고등학교 교사 및 계원예술고등학교 교감, 덕수유치원 원장 역임
- 현재 덕수유치원 명예원장
- 시 쓰는 사람들 동인 고문

- 시집 : 『천년을 하루같이』 외 8권, 수필집과 전기 등이 있음
- 한국문학평론가협회상, 교육부장관상, 제1회 미당시맥상 등 수상

- 휴대폰 : 010-2759-2745

자목련빛 봄 향기

추 영 수

자목련
준수한 어깨

돋는 햇살
받쳐지고

미소로
다그시는
구순 오라버니

자줏빛 꽃송이로
벙그시는
다정한 목소리

목덜미에 감기어
자목련빛 봄을 열다

초가을 아침 햇살

추 영 수

초가을 아침 햇살은
복천동 옹달샘 물맛이네

동래구 복천초등학교 줄지어 감싼
학교보다 키가 큰 목백합 그꽃 향기랑
입맞추고 돌아가던 바람
복천동 옹달샘가에서
조무래기 꽃웃음되어 자지러졌으리

팔구순 동래고보 할부지들
옹달샘 물 한 모금에 허리펴 손사래치는
초가을 아침 햇살

늦가을 들녘

추 영 수

추수가 끝난
늦가을 들녘은
땀내 짙게 배인
엄니 가슴이네

사랑의 씨앗들
제여곰 제 모습 갖추고서
은하로 출렁이던
엄니의 젖샘 추억하네

다 내어 주고도
더 내어 줄 것 찾으시는
엄니의 텃밭 있어
우주는 영원이네

나의 신

추 영 수

말구유를 요람으로 택하신 님이 계시어
상처가 숙성의 은총에 들면
꽃이 된단다

모래 머금은 조개가
진주를 잉태하듯

아픔은 아픔으로 치유되고
슬픔은 슬픔으로 위로되는
동병상련同病相憐
그 이해의 바다엔

말구유를 요람으로 택하신 님이 계시어
시들지 않는 꽃이 핀다네

넌 할 수 있어

추 영 수

칠흑 어둠 속에서라도
넌 보리라
꽉 막힌 적막 속에서라도
넌 들으리라

네 목덜미 감싸며 보살펴
주던 손길
소리 없이 스쳐가던
님의 숨결

네 안녕을 위하여
빌어 올린 그 한 마디
넌 할 수 있어
넌 할 수 있어

네가 지금 밟고 선
굳건한 땅 판 아슬히 점멸하는
한 자루 촛불

지금 너를 보듬은
바람의 체온
넌 혼자가 아니라네
넌 혼자가 아니라네

월출月出

추 영 수

어디서 들리나
숨은
숨소리

달동네 찾아 오르는
그
한 사람

외로운 가슴에
집을 짓는
이

사랑의 창가에
귀 기울이는
이

한강은 흐른다

추 영 수

가슴마다 둘러친 철조망
중천의 햇살이 얼마나 뜨거워야
녹아내릴까
별들의 맞잡은 손 얼마나 야멸차야
솟구친 가시 걷어낼 수 있을까

흐르는 것이 강물뿐이랴
그리움 녹아내린 피눈물 흘러
"오늘 우리 예 있으매"
송악산 한숨 소리 달팽이관 먼저 듣고
자지러지게 일렁이는 저 현기증

"일어나 빛을 발하라!"
하늘은 우리가 받들기 전
먼저 우리를 지목했느니
태양은 어김없이 오늘로 떠오르리
뜨거운 가슴아 사랑으로 흘러라

제 몫의 신비

추 영 수

바쁜 걸음 하동거리다
돌부리에 걸린
새끼발가락

제가 뭘 한다고
나서서 피를 본담?
아무짝에도 쓸모없는
쬐그만 것이

정말 그럴까
아무짝에도 쓸모없을까
과연

새끼발까락 다친 후
잃어버린 평형
그제사 알았네
제여곰 제 몫 주신
하늘의 신비

최 현 선

- 부활
- 시 앓이
- 장 발장의 눈물
- 너
- 너와 나의 거리
- 백구
- 절규
- 번창 상회

• 한국문인협회 회원
• 시더하기 편집위원
• 자연문학회 부회장
• 한국창작문학시낭송협회 이사
• 순수문학 회원
• 세계시문학회 회원
• 시 쓰는 사람들 동인

• 휴대폰 : 010-5689-2155
• 이메일 : gustjs2155@daum.net

부활

최 현 선

민소매에
짧은 치마로
오빠를 만났다

이야기 나누는 내내
편치 않은 오빠의 얼굴

무엇이 오빠의 심기를 건드렸을까
앉아 있는 자리 밑에
가시 방석이 깔려 있다

안부 인사를 건네자
오빠의 한 마디가
된 물살을 타고 쏟아져 나온다

"옷이 그게 뭐냐
너 아버지 살아 계셨으면 다리 몽다리 성하지 않았어"

교복 치마 줄여 입었다고
부지깽이 들고 쫓아 다니시던 아버지

오래전 돌아가신 그 아버지가
오빠의 얼굴을 하고 앉아 계셨다

시 앓이

최 현 선

언제부터인가
나는
병을 앓고 있다

이 희귀한 병은
시를 통해서만 사물을 볼 수 있고
시를 통해서만 소리를 들을 수 있어
나의 세상은 시 안에 갇혀 있다

쓴 약도
아픈 주사도
이 병을 치료하지 못하고
오히려
증세만 깊게 할 뿐이다

병명은 시 앓이

의사는
이 병은 춘향의 목에 씌어진 형틀과 같으니
벗어나지 말라 한다

그냥 살라는 한 마디 내던지고는
의자를 돌려 앉는다

장 발장의 눈물

최 현 선

밭에 무성한 잡초를 뽑는다
풀 뽑는 손등 위로
생각 한 마디 툭 불거져 나온다

이것이 진짜 잡초일까
이것이 진짜 작물은 맞는 것일까
그것이 맞다면
잡초는 처음부터 잡초였을까
작물은 처음부터 작물이었을까
그것도 맞다면
그 경계는 무엇이었을까

애초에 경계란
없는 것이 맞는 것이다
사람의 필요에 의해서 그어 놓은 줄이 있을 뿐
헛되고도 서슬 퍼런……

줄 밖에 있다는 이유 하나로
잡초들이 사정 없이 뽑혀 나가고 있다
제 씨를 퍼뜨려 보고 싶은 작은 소망이
허망한 욕심으로 탈바꿈하는 순간이다

서울역 지하차도에는

작물인지 잡초인지 알 수는 없으나
줄 밖에 있다는 이유 하나로
세상에서 내팽겨진 억울한 풀들이
엎드려 구걸을 하고 있다

너

최 현 선

녹슬대로 녹슨
생명을 다한 철 대문에
한 뼘 한 뼘 능소화가 타고 오르더니
대문 전체가 꽃이 되어 버렸어

희끗희끗 벗겨진 페인트 칠이
꽃과 어울려
오히려
더 운치 있더라니까

뜯어 버리려던 흉물스러운 저 대문이
이 골목의 명물이 될 줄
누가 알았겠냐구

우중충한 70년대 슬레이트 집이
화려한 꽃 대궐로 다시
세워진 느낌이야

나에게 능소화는 너 ……였을까?
그때 난 참 많이 웃었거든!
그래 저 능소화처럼 너도
조금씩 조금씩 나에게 다가왔었지……

너와 나의 거리

최 현 선

만개한 벚꽃
꽃가지 꺾으려 손 뻗으니
와르르르
쏟아져 내리는 눈물

하나로만 보였는데
저들은 이미
서로를 놓고 있었던 모양이다

누군가 와서
건드려 주기만을 기다리면서
그렇게……

저 꽃에서 나를 본다
저 가지에서 너를 본다

와르르르
와르르르
가슴 무너져 내리는 소리……

백구

최 현 선

주인과 함께
저녁 산책 길에 나선 백구

지나는 사람들
소시지며 생선이며
들고 나와 던져 주지만

고개 돌리는 일도
크게 짖는 일도
꼬리 흔드는 일도 없이
오직
주인의 뒤만 잠잠히 따라 갈 뿐이다

사람에게서도 느낄 수 없는
얼음 같은 자존심
먹이 던진 손이 무색할 정도의
모시 자락 같은 품격

오랜만에 제대로 된 사람을 본다
오랜만에 사람다운 사람을 본다

절규

최 현 선

태풍의 속도로
4차선 도로를 점령하고 있는
수많은 차량들

육중한 바퀴 넝쿨에 갇힌
조그만 후들 한 마리
갈팡 질팡
중앙선을 넘나들며
위험한 외줄 타기를 벌이고 있다

사방에서 쏟아지는 차들의 경적
가늘고 여린 발목이
더 이상 버티지 못하고
파르르르 작은 떨림과 함께
도로 한복판에 주저앉아 버린다

"일어나라
일어나야만 갈 수가 있다"

이것은 너에게 하는
따뜻한 위로의 말이 아니다
너와 다를 바 없는 내가
나에게 하는 피맺힌 절규이다

번창 상회

최 현 선

동네 한 구석
몇 안 되는 물건들이
제 두께 만큼의 먼지에 쌓여
하품이 한창이다

금 간 돋보기와 주판은
초로의 주인과 어우러져
의좋은 노 부부의 모습으로
책상 한 켠을 지키고 있다

가게 앞 평상에서는
대낮부터 술에 취한 두 남자
새우깡과 막걸리 병 집어 던지며
앞서가는 세월에 뒤처진 한을
서로에게 멱살잡이 하고 있다

추적 추적 진눈깨비는 내리고
지나는 사람들의 낯설은 눈빛
빛바랜 간판 위에서 출렁거린다

정진수

- 어느 가을날
- 간이역
- 연꽃에 대한 상념
- 빈자리
- 숲 그림자
- 메아리
- 벚꽃이 질 때
- 낚시

- 한국방송통신대학 국어국문학과 졸업
- 한국문인협회 시분과 회원
- 문예사조 문인협회 시분과 회원
- 세계시문학회 사무차장
- 자연문학회 부회장
- 구로문인협회 회원
- 시쓰는 사람들 동인회 회원
- 국세지(국세청) 표제시 작가

- 세계시문학, 한내문학, 청계문학, 국세문학, 구로문인협회 낭송시, 문예사조 낭송시 등 공저 다수
- 한국문학신문, 아시아신문 등 언론사에 시 발표

- 월간 문학지 문예사조 시부문 신인상 수상
- 국세문예전 국세청장상 수상
- 세계시문학 문학상 수상

- 휴대폰 : 010-3014-8768
- E-mail : gne0707@naver.com

어느 가을날

정 진 수

안개 낀 중부내륙 고속도로
연풍 나들목에서 두릅재 넘어가니
산 너머 개인 하늘
'윤동주' 님 가을빛 가득하였다

산자락 과수원에는
햇살 머금던 홍로, 부사 두런두런
끝듬지 익은 뾰족감 이야기 소리도 들렸다

마의 태자, 덕주공주의 설화가 살아 있는
덕주사 지나 월악산 올라가니
단풍나무
은행나무
생강나무
배롱나무
서어나무 오색빛 너무나 아름다웠다

도토리 묵집 창문 밖,
투명한 가을 햇살
아내처럼 아늑하고
수안보 온천장 어머니 품속 같아
몸과 마음을 풀어놓고 단풍물 곱게곱게 물들였다

간이역

정 진 수

행구동 저수지 오솔길 따라 걸어가면
숲 속 광장 사람 없는 대합실 긴 의자에
청솔모 한 마리 역무원인 양 졸고 있습니다

열차 시간표에
멎어 버린 기적소리 그리운 듯
물끄러미 바라보며 고갤 끄덕입니다

눈 맑은 아이와
젊은 아버지가
출발하긴 너무 이른
멈추기엔 아직 이른

황금빛 눈부신
청운의 역을 지나
붉은 신호등 졸고 있는
정지된 간이역,

아! 어느새 이곳까지 왔을까
여기는 우리의 반곡역(盤谷驛)입니다

연꽃에 대한 상념

정 진 수

어스름 서서히 물러가면 소록소록
무성한 연잎 사이로
꽃봉오리 살며시 문 열고
수줍은 숫처녀인 양 연꽃잎 고개 내어민다

연지(蓮池)에선 '탁' '탁' 꽃망울 터지는 소리 들리고
사방이 확 트인 호수엔 맑은 영혼들 가득하다

청정한 연꽃 너무 고결하고 향기로워
연잎엔 빗방울도 오래 머물지 못해
또르르 또르륵 고운 마음으로
물방울 지나간 흔적마저 지우고 간다

자태 고운 한복 곱게 차려입고
비바람이 불어도 부드럽고 유연하게 흔들리는
저 순백의 연꽃!

현시대가 제 아무리 여성 상위 시대라 해도
둥글고 고운 빛으로
꽃향기 넘치는 가정을 만들고 아이들 키우는
어질고 어진 부용낭자 많아진다면 얼마나 좋을까

빈자리

정 진 수

이글거리는 태양의 열기
보랏빛 도라지꽃 물들이면
그대 사모하는 마음
아득한 쪽빛 바다로 펼쳐집니다

파도 철썩이는 해변에서
바람의 행방에 흔들리는 해란초
그대 기다리는 마음
외로운 돛단배 출렁입니다

갈매기 떼 날갯짓에
새털구름 하늘하늘 손짓해도
그대 떠나서 살 수 없다는 것
그대가 떠난 후에야 알았습니다

아름답고도 슬픈 우리들의 삶
술 익어가는 내밀한 밤
허공에 빈 잔 채우며
오늘밤 당신과 재회하는 꿈 꾸렵니다

숲 그림자

정 진 수

아 아! 화사한 어느 봄날이었던가
꽃, 꽃, 꽃들이 피어나는 소리에
한 폭의 수채화가 살아 움직이는 새벽,
우리는 숲 속 푸른빛에 영혼을 내어 맡기고 걸었다

떠오르는 정열의 태양은
푸르른 나무 이파리로 싱싱한 그물을 짜고
패랭이꽃 같은 나의 사랑 앞에서
나무그림자들과 환희의 찬가를 불렀다

허나, 숲 속 검은 그림자
상수리나무 위로 쏟아지는 소나기에
숲의 평화 희미해지고
너는 나에게 그리움만 남기고 떠나갔다

아이리스꽃잎 속으로 스며드는 노을빛
숲에서 나무그림자 걸어 나오면
우리들 마음속에 등불 켜지고
물푸레나무 가지위로 연민의 별빛 반짝인다

메아리

정 진 수

사랑해 하면 사랑해 말하고
그리워 하면 그리워 말하는

당신은 누구신가요
그대는 누구신가요

마음 놓고 소리치고 싶어도
되돌아 오는 소리 부끄러워

속으로 외칩니다
당신 사랑해 그대 사랑해

벚꽃이 질 때

정 진 수

하늘을 찌르는 빼곡한 빌딩 숲
나루역 강변 꽃터널 눈부시게 열리면
흐드러진 꽃잎비 속에
연인들의 미소 바람 타고 날아간다

입술 다문 앙증맞은 꽃봉오리
아름다운 젊은 날의 정점,
메마른 가지에서 저토록 순수한
마음을 피어내는 것은 누굴 위한 배려일까

아아~ 작은 실바람에 상처받고
산산조각 깨어지는 꽃잎들이여!
행복한 순간은 스쳐 지나갈 뿐
푸른 이파리에 새겨진 삶의 아픔을 아느냐

아름다움이란 덧없이 흐르는 물결같아
새벽꿈처럼 날아가는 너희들은
짧고 화려한 꽃의 순간이
사람의 생명보다 기쁘다는 걸 알고 떠나가거라

낚시

정 진 수

흰 구름 산허리 휘감긴
산골 저수지 낚시터
떠도는 마음을 찌에 매단다

질기고 질긴 구애가
또 다른 나의 덫이었음을 알았을 때
요란한 방울 채 소리 물밑으로 사라졌다

투명한 산천어 꼬리 흔들며
싱싱한 갈대와 춤추고

고독한 고립 속에서
세상 어디에도 귀속되지 않는 나,
물밑에 잠긴 깊은 사유의 물고기를 건져 올린다

이준안

- 한국문인협회 회원
- 한국문인협회 김포시지부장 역임
- 한국예총 김포시지부장 역임
- 현, 산림문학회 이사
- 시 쓰는 사람들 동인 회장
- 자연문학회 고문
- 김포시 산림조합장 역임

- 휴대폰 : 010-7304-2004

푸른 마음 하얀 마음

이 준 안

시커먼 구름들이 노도같이 하늘을 누비며 간간히 비를 쏟는 날씨가 수일째다. 간밤에도 요란한 개구리 울음소리에 첫 잠들기가 어려웠으나, 산 너머 아련한 뻐꾹 소리에 슬며시 눈을 뜬다. 화창한 아침일 것 같은 예감이 든다. 이불을 걷어차고 일어나 창문을 열어본다.

푸른 산과 파란 창공에서 짙게 뿜어내는 싱그럽고 상쾌한 공기가 방 안 가득히 밀려든다. 손을 뻗으면 닿을 것 같은 푸른 산마루에는, 솜틀에서 갓 틀어나온 포근포근한 햇솜같이 하이얀 뭉게구름 조각들이 소복소복 얹혀 있고, 때늦은 수탉의 우렁찬 긴 울음은 산자락 정취어린 농가의 한가로운 아침을 깨뜨린다. 대문을 밀치고 밖으로 나와 뒷동산 오솔길로 접어든다. 까맣게 그을름을 뒤집어쓰고 있던 평소의 수풀이 잦은 비에 씻겨 내린 탓인지 이 아침의 녹음은 유난히 짙푸르고 싱그럽고 상쾌하다.

산새들의 활기찬 모습을 눈여겨보면서 푸르름이 가득한 오솔길을 따라 산정에 올랐다. 조그만 바위에 몸을 얹고 잠시 동쪽하늘을 바라본다. 푸른 창공을 향해 반쯤 솟은 붉은 태양에서 찬란한 햇살이 온 누리에 쏟아진다.

푸른 잎새에 송글송글 맺힌 청정한 아침 이슬들의 색깔이 조광을 받아 오색이 영롱하다.

꾀꼬리와 산새들의 지저귐이 더욱 신선하고 해맑게 메아리 친다. 푸른 잎 사이로 보이는 하얀 뭉게구름의 육중한 선봉이, 어느 사이 머리위에 머물러 금새 하얗게 쏟아져 내릴 것만 같다.

가슴을 펴고 깊게 호흡해 본다. 푸른 숲과 흰 구름과 파란 창공이 가슴 깊이 흡입된다. 푸른 마음 하얀 마음이 되어 선인의 경지에 이르니 세속의 잡다한 번민이 어찌 있을손가.

흔히 견물생심(見物生心)이란 고어로부터 유물론이 이해되지만, 그 구절은 물적 욕심을 경계하려는 의미로도 많이 인용되어온 명구이다. 그러나 아름답고 신비한 대자연을 보고(見物) 거기서 떠올려진 마음인(生心) 견물생심이야말로 과욕의 표출임을 의미한들 누가 탓하랴.

푸르름이 가득한 산과 들, 파란 하늘과 흰 구름! 거기에는 순결한 진실이 깃든, 생명과 청춘과 용기와 희망이 넘친다.

푸르고 하얀 마음은 그래서 진정한 삶의 진리이고 근원일 것이다.

우리 모두, 철철 넘치는 저 푸르름에 온몸을 던져 맘껏 먹고 마시며 질탕하게 젖어보면 어떠리!

아내

이 준 안

빈 들녘 굽은 촌길을 휘돌아
갈 숲 그늘진 옹주골로 옭혀온
가녀린 한 떨기 창포 꽃송이
고즈넉이 흐르는 옥빛 종달샘에 굽이굽이 어리는
불현듯 외로워 그리운 단발머리 그 시절

운명은 갈 바다에 던져진 하얀 거룻배
꿈은, 하얀 거룻배의 노를 향한 설렘

허기진 뒤주가 속울음 우는 오두막에서
된서리 내리는 밤마다 낡은 너새 서걱이는 사이로
증오처럼 벼린 날로 설움 저미는 차가운 별빛 품고
꿈 빛살 발랄한 옥피리로 노를 저어
초연히 거친 파도를 일궈온 살가운 아내

동저고리에 서린 푸른 숨결로 진자리 거둔 새끼들
순결한 꿈으로 다져 오붓히 여물리고
깊은 속주름에 아이 하나 곱게 싸 포옥 품고 저문 밤마다
무덤 고빗길을 서성이는 한 살배기 시어머니
오로지 맑고 고운 심결로 앞 섶 여미곤
고달픈 주름살로 모질게 끌어안아

옥빛 종달샘에 흥건히 젖은 갈색 아내의

풋꿈 꾸는 새 꿈속 배냇물 소리
그 소린
창포 꽃향이 창조한 영원한 생명의 울림

선유도 기행

이 준 안

그날 선유도의 밤은 칠흑이었다
민박집 처마에 덩그러니 매어놓은 알전등 하나
홀로 열심히 빛을 뿜어보지만
허기진 물상들이 여기저기 즐비해
골고루 빛을 나누려는 알전등이 힘겹다

추적추적 내리는 가랑비에 가슴 졸이며
피식거리는 모닥불 앞에 둘러앉은 일행들
구워먹는 조개맛에 서로 시샘하는 눈치다

처음 갖는 MT, 짓눌린 말문에 하품만 긴데
소주잔 부딪는 해맑은 음향이 허공을 날자
시어들의 우아한 운율이 영롱한 빛깔로 순백위에 출렁이고
노랫소리의 절묘한 율동이 나이테로 조인 가슴을 친다

어둠이 깊어 갈매기 소리도 끊기고
고운 봄비도 소리 없이 멀리 떠나고
홀로 남은 어둠만 조용히 여명을 품는다.

이웃 무촌

이 준 안

날씨가 대수랴
때時가 대수랴
한 움큼 약으로 버티는 몸을 끌고
굽잇길을 걸어 이웃집 간다

이웃집엔
척박한 일상에 얽힌 지 오래된
해맑은 언니가 있다
언닌, 강철로 된 공간에 갇혀 몹시 앓는다
- 불쌍한 언니 -
가슴이 토하는 긴 한숨이 눈물에 젖으면
언니 눈시울에도 이슬이 맺힌다

이웃이 왔다 가고 없는 빈자리에
숨어든 검은 그림자의 눈초리가
창백한 언니의 서러운 침묵을 쏘아 본다

날씨가 대수랴
때時가 대수랴
한 움큼 약으로 버티는 몸을 끌고
굽잇길을 걸어 이웃집 온다

예쁜 꽃잎이 함박눈처럼
포근포근 내려 곱게 쌓인다

〈누가 이웃을 사촌이라 했나〉

이 기 은

- 남겨진 내일 있음에
- 막다른 골목
- 술래잡기
- 천칭의 무게
- 높은음자리표
- 압화가 된 눈웃음
- 골목의 끝
- 통증의 깊이

- 시조 시인, 수필가
- 경북 포항 출생, 현 경기 김포 거주

〈저서〉

- 자귀나무 향기 1 - 우리 함께 눈 먼 새로 살자
- 자귀나무 향기 2 - 날갯짓을 해야 삶이 곱다
- 공저 시집 : 한국 100인 명시선 外 50여 권 작품 수록
- 서정 문학상 본상 수상(한국서정문인협회)
- 독도 詩 낭송대회 대상 수상(문화복지 신문)
- 전국 가사, 시조문학 공모 시조부문 동상 수상(기봉, 백광홍 선생 선양회)
- 늘 푸른 문학 대상 수상(늘푸른문학회)
- 글봄문학대상 수상(글봄문학회)
- 전국 가사, 시조문학 공모전 대상수상(장흥군수)
- 2012 김포문학상 본상 수상

- 이메일 : lke1303@hanmail.net
- 휴대폰 : 010-4087-3344

남겨진 내일 있음에

이 기 은

선잠 깬 가을이
어지럽게 피워놓은 살살이꽃
잠자리의 유혹을 견딜 수 없어
혼자 헤살거리는 오후
떠밀려 미처 다 챙기지도 못하고
떠나는 오늘은
그리도 그리던 먼 훗날이 아니던가
꿈은, 우화 못한 꿈은
둥지 속에 웅크린 곰삭은 추억
여린 촉수 내밀고
솟대보다 높이 생각을 펼칠
또 다른 내일을
다 쓰지 않았음에 기뻐하며
말간 하늘에 비친 남겨진 내일에
붓 들어 행복을 쓴다.

막다른 골목

이 기 은

직진을 거부당한 늙은 가로등의 저녁
높다랗게 쌓은 낡은 담장 건너편이 궁금하다
누군가에게 푸름으로 다가온 길은
또 다른 누군가에게는 암색 커튼 드리운
우울의 날이 되어 막아선다
통하지 않아도 길이라 할 수 있는가
이른 봄부터 부지런 떨던 악바리 담쟁이

붉게 달아오른 호기심이 담장을 넘어보지만
고대하던 저편 알기도 전에
책을 덮듯 건조한 일상 고샅을 핥는다
길은 외길, 앞으로 가는 길 뿐
회절 불능 늙은 가로등 넋두리가 무겁다
긴 그림자 하나 새벽을 향해 성큼 걷는다

술래잡기

이 기 은

목을 길게 늘어뜨려 해질 무렵이 되어 본다
골다공이 심한 감나무 가지의 마음을 읽는다
다 비우고도 천년의 시공을 건너는
죽간은 휘지 않고도 제 그림자를 읽었을 성싶다
그러한 그림자를 훔쳐보려
중력에 반하는 허공으로의 도약도
등나무 잔재주처럼 시간을 꼬아 만든 둔각도
탁본하지 못한 그림자는 여전히 뒤에 있다

태양의 화려한 부심에 돌아서는 방법을 생각할 수 없어
업힌 그림자 아직도 찾고 있다

천칭의 무게

이 기 은

해를 지고 앞던 산기슭에
해를 업고 앉은 풀벌레 한 마리

같은 해를 지고 있지만
느끼는 무게 사뭇 다르다

자양분이 되는 햇볕과
하루치 피곤으로 덧쌓이는 차이랄까

팔 벌리고 선 편백나무의 욕심
팔 벌리고 선 허수아비의 비움

채마밭에 내리쬐는 햇살의 일방통행
무성한 잡풀에게 내린 무한 은총

좌, 우를 오가는 등부호
가늠키 어려운 천칭의 무게.

높은음자리표

이 기 은

고압전선에 나란히 그려놓은 음표는
높낮이가 없다
길고 짧음으로 삶을 노래하고 음의 부피로
행복을 표현한다

음표들이 하르르 소리 내며
쥐똥나무 숲으로 달아났을 때

전신주는 삭풍 우는 소리에만 신경 쓰느라
곁을 떠나간 음의 온도를 기억하지 못했다

쥐똥나무에서 대나무로 옮겨 다니는 음표들
꼬리가 하나와 둘 변화의 의미를 기억한다

숲 속의 음표는 음계가 없어도
높낮이, 음의 부피를 잘도 표현해 낸다
높이 나는 음표에서 바람 소리가 들린다
그 소리 너머에서 좀 더 낮은 소리로
웅크린 어둠이 있지만
나무와 나무 사이를 오가며 그린 날줄 씨줄엔
이슬 떨어지는 소리를 베낀 미성뿐이다

다시금 전신주로 날아갈 빌미만

주어지지 않는다면 숲 속의 음계는
바람의 등에 업혀 훨훨 푸르게 유영할 것이다

압화가 된 눈웃음

이 기 은

돔형 역사 두꺼운 유리벽 안에는
차마 떠날 수 없어 압화가 된 눈웃음 하나
오도카니 겨울밤 지새고 있다
손가락 꼽으면 돌아오던 날들
잰걸음으로 건너는 촘촘해진 나이테
기다리는 발자국 소리 여전한데
닫힌 마음은 열리지 않아
머물지 않고 지나는 기차가 많다
호호 불어 선로를 녹이면 그날의 이야기
아침처럼 달려올 것 같아
두터운 유리벽에 귀대고 기다리는 허기
거미줄처럼 사방팔방 뛰며 흩어지는
만남이 예정된 이별의 발걸음은 가볍다
그날
유난히 무겁던 하이힐 소리는
차마 이별의 냉정을 완성하지 못하고
멈추어버린 에스컬레이터 망가진 관절에
통증 되어 머문 한 소절 노랫말
끝내 한 줄 의미가 되지 못한 손짓
세상 그 무엇보다 너그러운 가슴을 가진
벽을 넘지 못해 잔상이 된 쓰라린 아픔
곰삭힌 날들은 그리움 담은 주름살 되지만
송이로 떨어지는 붉은 동백을 닮아

유리 너머 되 오지 못할 마른 눈빛이 된 꽃은
붉게 물든 통증을 기웃대며 시시때때
문병하듯 기억을 들여다 보고 있다.

골목의 끝

이 기 은

그곳엔 언제나 안락이 기다린다
해거름 초롱불 들고 황톳길 밝혀주는 딸아이가 있다
사립문이 있었을 땐
부신 햇살 손 그림자로 밀어내며
바지랑대처럼 곧은 기다림 하나로 평생을 사시던 모정이 있었다
푸른 이끼 걸친 감나무 등걸엔
홍시로 익어가던 가을을 지나 회색 파도를 이긴
묵은 배 한 척 해 저무는 산 아래 오도카니 있었다
뱃전에 홍건하던 고단함도, 하얗게 피던 소금 꽃도
삼태성 밝게 비추인 고샅 끝에 다다르면
구들목에 묻어둔 놋양푼의 온기처럼 주르르 눈물로 흘러내리던
배밀이 하는 가랑잎 따라 빗길 걸어가면
낯선 갓을 쓴 이방인이 비추는 푸른 조명
황토대신 입은 아스팔트는 호흡마저 가쁘게 했고
가끔 터줏대감 노릇하던 질경이의 도열도
이젠 꿈이다
골목 끝에 다다르면 그토록 기다리던 것이 어둠이란 걸
한 올 촛불처럼 이어가던 생명도 부질없다 놓아야 할
끝이 보이지 않은 벼랑이라는 걸
삶을 배우고 까먹기를 배곯듯 하고 난 다음에야
겨우 터득했다

몇 페이지 삶을 더 넘기면
기나긴 고단함을 업고 찾아 헤맨 피안이 거기란 걸 알았을 텐데
다 알기 전에 도착한 골목의 끝
붉은 담쟁이 한 잎 소슬한 바람 보듬고 있다

통증의 깊이

이 기 은

갖은 바람 다 맞아본 나무는
갈라진 껍질 깊이만큼 세상에 대한 앎이 많다
고목 등걸에 매화꽃 피는 것 이해할 즈음이면
그 속엔 몇 마리 능구렁이 똬리 틀고 있겠지
늦은 퇴근길 달큰하게 유혹하는 술 냄새
건널목 지나듯 지나칠 수 있다면 많이 늙았지
찌그러진 양재기처럼 볼품없는 겉모습
주머니 뒤집으면 묵은 먼지만 덩이진 형색
세금이며 강미(講米)로 바친 돈이면 집 몇 채 샀을
짐작만 할 뿐 얼마인지는 알 수 없는
연례행사로 맛보던 고기들 너무 먹어 걱정
가끔 외톨이로 새우 꼴 웅크린 자신 발견하고는
자기 연민에 빠져 눈물 흘리기도 하지
뿌리 없는 나무 하늘을 받칠 수 없지만
뿌리를 인정하지 않는 무성한 가지 제멋대로
허공을 움켜쥘 뿐 등 굽은 줄기 안중에도 없지
살기 위해 먹고 있는 자신의 모습 보며
삼킨 날보다 울컥이며 넘어오는 날이 더 많아
목멜 땐 허무 속 해 따라 하염없이 걷지
처진 어깨 움츠린 뒷모습, 노을빛 고운 해거름
세상엔 그를 알아주는 이 많지 않지.

윤소천

- 세계평화사랑연맹 이사/ 총무국장
- 한국가곡작사가협회 부회장
- 한국현대시인협회 기획위원
- 한국음악저작권협회 작사가
- 한국문인협회 회원
- 한국갤러리 관장
- 한식의 날 제정위원
- 엔디엔 뉴스. 서울시티. 컨슈머 포스트 문화부장
- 대한민국 소비자대상 심사위원

- 시　집 : 『우리 가슴에 숨은 노래』『한강의 시 잔치』
  『시는 노래가 되어』 20집' 외 공저 다수
  『한글 유엔 평화지도 대표 시 수록』 22개국
  『한글34개국 평화의 시 수록』
- 수　상 : 2013. 자랑스런 대한국민大賞(시문학부문)
  제2회 대한민국성공大賞(시. 낭송부문)
  산업자원부장관賞(새질서 새생활)
  2013. 천지일보 孝문화캠페인 선정 우수작
  한식세계화 공로표창
- 낭송집 : 「시인의 목소리」

- 메일　:so10219@naver.com
- www.worldpeace.or.kr 세계평화사랑연맹

멘토가 되어

윤 소 천

담쟁이가 오르는 길을
우리는 절벽이라 말할 때
담쟁이는 그 길을 희망의 길이라 생각하고 오릅니다.

누구의 조언자로
누구의 등대로

나 아닌 그 누가 걸어갈 그 길에
절망의 길 어둠의 길이 아닌
희망의 길로 인도하는 멘토이게 하소서

작곡보다 반주해주는 멘토가 되고
스펙보다 스토리를 중요하게 생각하는 멘토가 되게 하시어

지혜로운 신뢰로 멘티를 이끌어줄 조언자로
항해하는 인생길에 등불이게 하소서

비가 오다 보면 햇볕이 들고 젖었던 옷도 마르나니

멘토들이여!
제일 나은 것이 되기 위한 노력보다
유일한 것이 되기 위해 노력해야함을

꿈을 이루고 목표를 주는
밝은 사회에 희망이 되는
멘티에 멘토로 살아가게 하소서.

〈신년 시〉

희망찬 새해

윤 소 천

동해를 거쳐 한강의 젖줄을 타고
떠오르는 장엄한 용광로 여명의 태양을 보라!

역동과 변화의 한 해를 지나 다시 새해를 맞이하나니
어제의 낡은 것은 끓어오르는 태양의 용광 속에 녹이고

솟아오르는 저 태양을 가슴 펴고 맞으니
오늘 여기 서 있음을 감사하게 하소서.

내일을 향한 희망의 설계로 도약하여
새로운 내일을 전진해 나가는 마음들이게 하시고

행복해서 웃는 게 아니라 웃어서 행복하다는 말처럼
새해에는 항상 웃을 수 있는 그런 날들이게 하소서.

희망의 나라 한반도에서 서로 함께 상생하며 살아가는
소중하고 행복한 민족임을 세계에 알리며
눈물로 빚어낸 평화가 공존하여 통일의 역사를 쓰게 하시고

평화로 세계를 하나로 잇는 구심점이 되는
한반도 희망 대한민국이 되게 하소서.

새해 아침 희망으로 가득한 태양을 맞으니
들리는가! 희망의 소리
보이는가! 한강의 움직임이.

타이의 평화

윤 소 천

고요한 서원
자연과 자연이 어우러지고
수많은 유물들이
완벽한 형상을 이루니 그 모습이 성스럽다.

전통을 이어가고 산림이 바다를 이루니
긴 호흡 깊게 들이키고픈 지상낙원이 아닌가.

영광과 용기
관용을 베푸는 민족
친절한 미소는 그들의 유산이 되었구나!

자유의 나라
미소의 나라
자존의 나라
축제의 나라

평화가 있는 축복의 나라 타이

강, 바다같이
평화의 물줄기는 쉼 없이 흘러
영원토록 대대손손 영광 있으라.

어머니

윤 소 천

엄마!

어머니!

이제 몇 번을 부를 수 있을까!

언제나 그 자리 그렇게 있으려니 했는데 허리 수술 두 번, 간 수술 두 번

간 수술 이후 간혹 응급실로 들어와 일반실을 거쳐 퇴원하기를 몇 번

그럴 때마다 심장이 덜컹 멎는 것 같다.

입원했다 퇴원하는 날에는 아직도 멀쩡한 것 같아 충분히 10년은 훨씬 더 건강하게 살 것 같으신데 '우리 엄마 이러다 가시면 어쩌나~' 아직도 예쁜 옷 예쁜 신발 사주면

"왜 사왔어"

하시며 어느새 좋아서 얼굴에 환한 모습 감추시지 못하시고 여기저기 자랑하시기를 좋아하시는 우리 엄마!

병원에 누워서도 주치의 앞에서는 아이처럼 여자처럼 수줍어하시고

"어르신 아직도 고우세요." 누가 말을 건네면 깔깔깔

"내가 젊어 보여요." 하시면서도 기분 좋아 어쩔 줄 모르는 아직도 소녀 같은 김옥례 여사님!

그 옛날 장사를 하시며 악착같이 돈을 모으셨던 억척내기 우리 엄마!

부추 한 단, 파 한 단씩 밤새 묶어 버스도 다니지 않는 새벽길에 지나가는 차 손들어 태워달라며 그 많은 무게 머리

에 이고 들고 장에 나가 파셨던 우리 엄마!

어쩌다 도매상이나 보신탕집에서 엄마의 물건을 모두 사 가는 날이면 화색이 환하게 신바람나 돌아와서는

"오늘은 운이 좋았다. 내가 제일 먼저 팔았다." 하시며 무겁던 몸 나비같이 들어와 자랑하시던 엄마! 내일 또다시 1등으로 팔 생각에 어느새 엄마의 발걸음은 밭으로 향했고 그 뒷모습에 난 늘 '힘든데 뭐가 그리 좋을까!' 생각을 하면서도 엄마의 등이 얼마나 커 보였던지 적군을 물리치고 오신 것처럼 대단하게 보였고 그런 날은 하루 종일 나 또한 기분이 좋았다.

언제나 잠이 모자라 평생소원이 잠을 실컷 자 보는 것이 소원이라 하셨던 우리 엄마 김옥례 여사님! 그래서일까 지금 엄마는 누웠다 하시면 주무신다.

어머니 56세 되던 해 아버지는 환갑 두 달 남겨두고 병환으로 세상을 떠나셨으니 좋은 세상 구경 한번 못하고 가신 불쌍한 신사 윤봉학 나의 아버지! 고생만 하시다 지금은 살 만하다며 매일이 행복하다 하시는 김옥례 여사님! 지금의 모든 것은 엄마가 일구신 것이다.

이제 훌훌 털고 일어나 성당도 다니시고 수영장에 좋아하는 노래까지 좋은 세상구경 더 하시며 자식들이 성공하는 모든 것을 지켜봐야 하시는데

꽃을 좋아해서 거실에 마당에 꽃나무들이 가득하고 꽃들이 친구 되어 행복하다 하시는 우리 엄마!

깔깔깔 웃으실 땐 연예인 전원주 씨를 닮았다는 소리에 더 자지러지게 웃으시는 천상 여자인 엄마 김옥례 여사님!
밝은 눈으로 세상을 보고 긍정적인 삶을 사는
하느님을 사랑하고
예수님을 사랑하고
성모 마리아를 사모하는 우리 엄마!
당신이 내 어머니 내 엄마라 감사합니다.
당신의 딸이 되어 난 정말 행복합니다.

필리핀의 평화

윤 소 천

아시아 대륙 남동쪽
칠천여 개의 섬들이 모여 하나로 구성된 나라

수많은 바람과 폭풍 속에
다져지고 이겨낸 겨울장미처럼

여유로운 미소로 화답할 줄 아는
아름다운 축제의 나라

숱한 흔들림 속에
우뚝 선 당신을
우리는 평화라 했다.

광화문 연가

윤 소 천

떠오르는 햇살 비질하는 소리에
광화문 네거리는 문이 열리고
북악산 경복궁도 숨통이 트이누나.

청계천을 이어주는 능수버들 물길 따라
육백년의 역사를 수면 속에 넣어두고
풍경들을 새로 그려 다시열린 광화문길

천하를 호령하던 당당한 그 모습과
한글을 남기시고 웃고 있는 그 모습도
자라나는 새싹들과 뛰어노는 정겨운 거리

그립다 그리워 하도 그리워
역사물결 품어내는 분수대의 무지갯빛 따라
하늘가 끝 편에 부대끼며 날아온 바람
경복궁 열고 나와 육조거리 가자구나.

가족

윤 소 천

세상 하늘 아래
천륜이라는 이름으로 묶어준 이름
가족

온종일 다니다
문 열고 들어서면
저마다 흩어졌다 모인

현관 앞 풀죽어 모여 있는 신발
온종일 있었던 일들을 신발에 묻히고 와

세상 밖 이야기 풀어놓지 않아도
서로가 위로가 되고 힘이 되는

세상풍파 이겨내고 힘들고 지칠 때도
가족이 있기에 버틸 수 있습니다.

때론 토라지고
때론 가슴시린 말로 마음을 아프게 해도
"미안해요"
한마디에 토닥이며 더 꼭 안아주는

가장 멀리

가장 오래가야 하는 인생의 긴 여정에서

힘이 되고 버팀목이 되어 주는
서로를 닮아가는 우리는
행복한 가족입니다.

병실 또 다른 행성에서

윤 소 천

순천향병원 2229호

열흘에 거쳐 3번을 기차 타고 어머니가 계신 병원으로 재촉한다.

어머니가 반가워할 마음에 종종거리는 구두가 예쁘다.

처음엔 간병인 보조의자가 불편하고 밤새 환자들의 신음소리가 거슬려 꼬박 밤도 새웠지만 이삼 일이 지나자 아랑곳없이 그 환경에 적응이 되니 신은 참으로 현명한 인간을 창조하신 게 틀림없다.

앞쪽 환자가 쫓겨났다. 교통사고로 치매까지 일명 "나 자도 돼?" 처음에는 웃기고 재미있어 "네" 다들 대답을 해줬는데 밤낮으로 3분 간격으로 "나 자도 돼?"를 반복하다 보니 다른 환자들이 신경이 기슬린다는 거다.

택시에 치어 3개월째 의식이 없는 40대 젊은 엄마! 20살 먹은 자식들이 얼마나 간병을 잘하는지 모두들 안타까운 마음에 병원에서는 바로 아들과 딸 이웃사촌이 된다.

27살 먹은 아가씨가 뇌졸중으로 쓰러져 의식이 돌아오길 몇 달, 그러나 소뇌를 다쳐 살아 있어도 살아 있는게 아닐 듯한데 눈을 뜨고 사람을 알아보는 것만으로도 기적이며 감사하다 말한다.

한쪽 눈뜨기를 15일 걸렸다 하니 우리가 무심코 감고 뜨는 눈꺼풀이 어찌나 감사한지 한 번도 힘들게 움직인다 생각을 못했을까!

병실 안에 있다 보면 별별 사연 속속 가족사까지 알게 된다. 누구자식은 잘하고 어떤 자식은 돈만 빼앗아가더니 오지 않는다는 등 어느 집 자식이 뭐가 되고 어느 위치에 있다는 등 모두가 공감하고 저마다 사연들이 비슷비슷한 것 같아 또 하나의 작은 행성 속에 소수민족이 집성촌을 이루고 사는 것 같은 착각마저 든다.

보이는 이가 모두 환자다

똑같은 환자복에 누구 하나 예쁘고 멋있을 것도 없이 그저 상태가

양호한가! 중증인가! 심각정도일 뿐

아니면 살거나! 죽거나!

건강한 내 몸이 얼마나 축복이며 감사하고 소중한지, 있을 때 잘하라는 말처럼 건강할 때 더 관리해야 함을 병원에 오니 스승을 만나 많이 배우고 느끼고 간다.

어머니 덕분이다.

그러나 다시 기차 타고 이 행성엔 안 오고 싶다.

김정자

- 이런 시인이 되고 싶다
- 인생
- 제주도 Ⅰ
- 제주도 Ⅱ
- 이 봄을 보내며
- 꽃과 햇살 그리고 사랑
- 버팀목
- 포항에서 고성까지

- 월간 『문예사조』로 시인 등단 (1995)
- 『조선일보』 리포터 (1997)
- 한국문인협회 회원
- 국제펜클럽 한국본부 회원
- 한국기독시인협회 회원
- 한국문인협회 김포시지부 이사 역임
- 자연문학회 부회장
- 사랑방 시낭송회 상임 시인
- 시 쓰는 사람들 동인
- 정진학원장(김포시 장기동)
- 제 9회 전국 새얼 백일장 입상
- 제 4회 김포문학상 공로상 수상
- 제 5회 김포문학상 우수상 수상
- 제 22회 〈문예사조〉 문학상 우수상 수상
- 시집 : 『또 하나의 길』
- 공저시집 : 『시 쓰는 사람들』 『광화문을 지키는 시인들』 외 다수

- 휴대폰 : 010-5607-3757
- E-mail : kimjj3757@naver.com

이런 시인이 되고 싶다

김 정 자

누군가의 마음에
감당하기 힘든 큰 불이 났을 때
한 편의 시로 서서히 잠재울 수 있는
그런 시를 쓰고 싶다

누군가의 마음에
두꺼운 문이 굳게 잠겨 있을 때
한 편의 시로 마음 문을 열 수 있는
그런 시를 쓰고 싶다

누군가의 마음에
앙상한 가시만이 남아 있을 때
사랑으로 다시 태어나게 할 수 있는
그런 시를 쓰고 싶다

누군가의 마음이
더 이상 내려갈 곳이 없을 만큼
절망의 늪에 빠졌을 때
한 편의 시로 마음을 밝히는
그런 위로의
시인이 되고 싶다.

인생

김 정 자

저 고개만 넘으면 된다기에
있는 힘껏 고개를 넘었네
힘겹게 넘어서니
또 긴 강이 기다리고 있었지
저 강만 무사히 건너면
평지가 나온다고 했어
다음엔 들꽃 벗 삼아
차근차근 주어진 길만
걸으면 되겠지 했네
웬 걸 그 사이 또
차가운 겨울을 만났네
이젠 이 혹한의 계절만
무사히 통과하면
햇살 밝은
그날이 오겠지 했네
그런데 아직도 그날은
조금 더 조금 더
있어야 한다네

인생은
끊임없이 이어지는
길 길 길
길 찾 기 인가.

제주도 I

김 정 자

해외여행을
이웃집 아니 제 집 드나들 듯
쉽게 쉽게도 하는
세상이건만

나에겐 제주도 나들이가
남들 미국이나 유럽만큼이나
벼르고 별러
떠나야만 했던
여행길이었다

그림보다 사진보다
더 경이롭고 신비한 감동이
창 밖 가득
내다보이는 그곳엔

바다 한가운데 떠 있는 듯
꿈 속인 듯
새 둥지 같은 숙소가
우리 가족을
얌전히도
기다리고 있었다.

제주도 Ⅱ

김 정 자

제주외경 해안가를
예정 코스로 정해 놓고
혹여 진귀한 볼거리 놓칠세라
시간과 시소게임하며
바삐 짜인 짧은 여정

잠자고 있던 감성을
흔들어 깨우는 저 신비의 섬
크고 작은 바위들이
무수히 뿌려져 있는 해안가

제주의 자연을
통째로 선물 받은 듯해
가슴이 뛴다

우리나라의 애련한
역사의 뒤안길이
진귀한 보물들이
곳곳마다 숨 쉬고 있는 이곳

살아 있음에 감사함을
느끼게 해준
저 대자연을 두고

돌아가야만 하는 나에게
진한 연민이 인다.

이 봄을 보내며

김 정 자

봄이 온 지 얼마나 되었다고
벌써 이 계절이 저만치에서
손을 흔들고 있네요

봄의 향기 크게 한 번
받아 마시지도 못했는데
의자에 편히 한 번
걸터앉아 보지도 못했는데

어느 사이
세상과 어깨동무하며
또한 계절이 가고
또 오고 있네요

날마다 달마다
비어 있는 그 무엇 무엇들을
담으려 채우려
애쓰다 보니

세월은 덧없이
흐르고
또
흐르고 있네요.

꽃과 햇살 그리고 사랑

김 정 자

형형색색 꽃이
제 아무리 화려하고
예쁠지라도
한낮의 햇살 받지 못하면
제 빛을 잃고 말듯

우리네 인생도
사랑의 온기를
받지 못하면
제 빛을
잃고 말리라.

버팀목

김 정 자

가야 할 길이
안개 속에 가리어
보이지 않을 때에도

자갈밭길 같은
험한 질곡의 시간
야생화처럼
이겨낼 수 있었던 것도

너희들의 내일이
이 엄마 어깨위에
얹혀 있었기 때문이었지

너희는
나에게 있어
한낮의 빛으로
마르지 않는 샘으로

암흑을 비춰주고
타는 목을 적셔주는
내 유일한
버팀목이었지.

포항에서 고성까지

김 정 자

여름휴가 때마다
정해진 해안가만
다녀오는 것이
못내 아쉬워

언제부터인가
포항 호미곶에서
동해의 해안도로를 타고
고성 통일 전망대까지
한 번쯤 여행을 해보고 싶었다

이 여름휴가엔
드디어 그 꿈을
이루고 있는 중이다

동해의 웅장한 파도
때로는 아기자기한
바다 속 그림들이
튕겨져 나올 듯한 신비
저 대자연의 광활한 몸짓을
마음에 담고 안고 지고
일상으로 돌아가는 중이다

한동안 갈증 나지 않을 것 같은
가벼운 마음이다
일상으로 돌아가면
제로에서 다시 시작하리라.

김 인 숙

- 살다가 기막히면
- 거미
- 울릉도 단상
- 세필로 세계를
- 불청객
- 창 밝은 집
- 눠가 된 사내
- 백지장 차이

- 호는 우정(雨庭)
- 1988년 시조문학 2회 천료 등단
- 한국문인협회, 국제펜클럽 회원
- 여류시조문학 부회장, 김포문협 회원, 나래시조 동인
- 자연문학회 수석부회장
- 샘터수기 당선, 현대시조 백일장 금상 수상
- 마로니에 여성백일장 수필 입상
- 제 11회 나래 시조문학상 수상
- 제7회 김포문학상 수상
- 시집 : 『멀어지는 연습을 위하여』『바람에게 띄우는 연가』
- 시 쓰는 사람들 공저 다수

- 휴대폰 : 011-9654-6016
- 이메일 : 2002insuk@hanmaill.net

살다가 기막히면

김 인 숙

전라도가 고향이라면 콩나물 국밥맛쯤은 안다
청양고추 얼큰함에 새우젓 확 풀어 시원한 맛
살다가 속 답답할 때 가슴이 뻥 뚫리는 맛
전라도가 고향이라면 홍어 삭힌 맛쯤은 안다
흉내낼 수 없는 향에 코끝을 톡 쏘는 그 맛
기막혀 숨넘어갈 때 화들짝 정신 드는 맛
링위에 선 복서처럼 정글법칙만 통하는 세상
지친 탕아를 보듬어 줄 고향의 맛 삼삼하다
따끈한 모주 한 잔에다 홍어회와 콩나물 국밥

거미

김 인 숙

끈적끈적 점액질은 가늘게 가로줄로
점액없는 세로줄은 좀 더 굵고 탄탄하게
집 한 채 바디도 없이 씨줄 날줄 엮어냈다

진액까지 소진되어
널브러진 어미에게
기다리던 먹잇감 없다
아우성치는 새끼들
어미등 먹잇감 되어 파먹고 또 파먹고

아비는 먹이사냥의 의무만 주어질 뿐
심장없는 새끼거미 세상두려움 모른다
늙어서 사냥못하는 아비 짐짝되어 치울 궁리

울릉도 단상

김 인 숙

사람이 사람을 밀어
저절로 오른 도동항
피와 살은 다 녹고
뼈만 남은 울릉도
수억년 다듬었겠다
그 오묘한 신의 손

동해에서 해가 솟듯
불덩이로 솟은 화산섬
해풍보다 더 강한
몹쓸바람 육풍으로
울릉도 청정한 바다
병날까 겁난다

깎아지른 절벽 사이
따개비같이 붙은 집들
나물 뜯어 명줄 잇고
자식 위해 오징어잡이
천명에 두 무릎 꿇고
들풀처럼 살더라

세필로 세계를
- 한한국 작가 -

김 인 숙

글씨에 혼이 실렸던가
전율로 몸이 굳는다
작품 하나를 위하여
몇 년씩 소리없는 외침

힘없는 붓끝 하나로
평화를 향한 몸부림이다

작품앞에 서 본 사람은
누구나 숨이 멎는다
신의 손이 대필했거나
한바탕 신춤을 추었거나

지상에 단 하나 뿐인
불가사의한 소명

일 센티미터 사각안에
우주가 다 들어 있다
세월이 가도 변하지 않는
어머니의 기도처럼

이상향 더 높은 꿈을 찾아
낮게낮게 엎드린다

불청객

김 인 숙

초췌한 가을 손님
불현듯 찾아왔다
심연의 수렁속에
다시 도진 계절병

잠자리
너도 쫓기느냐
흩날리는 불티들

울울했던 그 초록이
흙으로 돌아가는지
영육이 멀어지는
장례미사는 진행 중

어젯밤
휘모리가락에
수북하다 낙엽봉분

창 밝은 집

김 인 숙

신혼방은 단칸 월세 할머니 낀 세 식구
사람 사는 주거형태는 동굴 빼고 다 거쳤다
이력도 화려한 주소록 A4 용지 두 장 분량

끝이다싶은 순간은 시간이 해결사고
풍랑이 일면 이는대로 파도에 몸을 맡겨
"이 또한 지나가리라" 잠언에서 길을 찾다

생각하면 아득한 가시밭길 너덜겅
여덟 식구 상머리에서 내 손끝만 바라더니
육십생 한 바퀴 돌아 흰 비둘기 한 쌍 뿐

신세계 교향곡은 낮고도 은은하게
햇볕은 거실 깊숙이 융단으로 깔리고
커피향 코끝에 사르르 에둘러오는 행복

뉘가 된 사내

김 인 숙

거대한 공룡빌딩에 우아하게 앉은 은행
남루를 걸친 사내가 절뚝이며 들어선다
하얀쌀 그 속에 섞인 뉘 같은 사내가
너덜한 주머니에서 위인들이 걸어나온다
까만 비닐에 은전과 뒤섞인 위인들이
코막고 힐끔거리며 지켜보는 하얀쌀들
맞다, 그 사람이다 터미널에서 손 벌리던
지구별에서 궤도 이탈한 떠돌이별 소행성
노숙자 겉껍질 벗고 지구별로 안착하길……

백지장 차이

김 인 숙

친구야 저승 가 봤나
나는 문턱 밟고 왔다네
저승이란 것 별거 아니야
딱 백지 한 장 차이더군
천지간 부나비만 날고
그냥 깜깜하더라구

지난 겨울 무지 추웠잖나
온 세상이 얼어붙었지
빙판길 엉금엉금 기다
아파트 입구에서 꽈당
뒤통수 시멘트바닥에
깨졌대나 어쨌대나

흰 옷 입은 의사가 묻더군
정신줄 놓았었냐고
천장은 빙빙 돌고
귓속에선 왕벌이 날고

그 순간 눈물이 왜 나지?
저승 구경 놓쳐서일까?

김 동 진

- 물구나무서기
- 손이 되고 싶던 날
- 태풍과 매미
- 바퀴의 일상
- 반사(反射)
- 숨겨진 폭력 들추기
- 출입금지 표지
- 춘란(春蘭)의 개화를 보면서

- 문예사조 시부 신인상
- 한국문인협회 회원
- 한국문인협회 경기도지회 부지회장
- 한국문인협회 김포지부 지부장 역임
- 시집 :『늦해바라기의 사랑』『숨소리』

- 이메일 : dongjinee@paran.com
- 휴대폰 : 016-205-7756

물구나무서기

김 동 진

풀과 나무는
일찌감치 물구나무서서 살았다
잎은 얼굴이 아니다
얼굴은 뿌리 쪽에 있고
지상에 흔들거리는 것은 다 다리들이다

우리가 사는 세상은
많음과 적음이 서로 갈등하고
높음과 낮음이 서로 질시하는 세상이지만
물구나무서기는
풀과 나무들이 다툼 없이 사는 방식이다

뒤늦게나마 물구나무를 서 본다
물구나무서서 나를 보면
내 머리는 뿌리가 되고
내 다리는 머리가 되어
지혜로운 삶의 풀과 나무가 된다

살다가 가끔
땅과 하늘을 바꾸어 보고 싶을 때
살짝 물구나무서면
내 위에 있던 하늘이 글쎄

내 발 아래에 밟히고
금방 땅이 하늘이 되는
우리들의 물구나무서기다

손이 되고 싶던 날

김 동 진

80세 가량의 노부부가
공원길을 산책하고 있습니다
둘 다 하얀 모시옷을 입었습니다
할아버지는 앞에서 걷고
두서너 걸음 뒤를 할머니가 따라 걷고 있습니다

잔디밭 풀잎은 투명한 이슬을 구르고 있습니다
아침 새들은 눈썹달을 닮았습니다
나무들은 하늘을 힘차게 밀어 올리고 있습니다

한참을 지난 지금도
흰 모자 할아버지는 앞에서 걷고
흰 치마 할머니는 두서너 걸음 뒤를 따라 걷고 있습니다
학이 걷는 것 같습니다

나는 문득 바람이 되고 싶어집니다
노부부 곁으로 살며시 다가가
서로 손을 잡게 하고 싶습니다

태풍과 매미

김 동 진

미친 태풍은
서해바다를 뒤집어 놓았고
그 광기가 지나간 내륙은
아수라장이 되었네

쑥대밭이 된 산과 들
그 끝에 선 미루나무 등을 붙들고
늦더위 뙤약볕을 향해
참매미들 악을 쓰고 있네
줄초상 난 어느 어촌 여인네들 통곡처럼
절규가 하늘을 찌르네

젖어 찢어진 날개로 몸 감싸며
나무 절벽에 위태롭게 붙어서
저토록 울부짖는 뜻은
생명 있는 모두를 대신해서
자연의 횡포에 대한 규탄이네
신의 무관심에 대한 항거네

바퀴의 일상

김 동 진

바퀴는 바퀴벌레처럼 기는 속성이 아닌데
왜 이름이 바퀴냐를 따지는 것은
말 많은 인간들이나 해대는 시비임을 안다
바퀴는 서로 다가갈 수 없도록 문명이 만든 간격을 두면서
평행으로 하루를 도로에 다 바르는 것이다
조립되어진 서로의 조여진 몸뚱이를 보면서
시간도 끝이 있음을 눈빛으로 위로하는 것이다
달리는 일이 썰매를 끌고 설원을 달리는
순록의 낭만이 아니다
피부가 닳도록 비벼대야 하는 생존의 질주인 것이다
무참히 밟고 넘었던 도로들의 아픈 몸부림을 기억한다
삶의 무게만큼 어깨를 짓누르는 몸체의 중량을 느끼면서
거리로 번져 나오는 배기가스의 농도를 측정한다
신호위반 건수와 사고발생 건수도 기록한다
소음의 데시벨 수치를 확인하고
내다 버린 거리의 오물 배출량을 산출한다
해마다 늘어나는 터널과 교각의 숫자를 파악하고
별빛을 차단하는 도심의 불빛 양과 조도를 체크한다
그리고 하루를 정산한다
바퀴는 휴식이 있는 시간에는
오염되어 가는 상념을 쓸어 모아 바람에 날려 보낸다

반사(反射)

김 동 진

대한민국 선수들 참 잘 싸우고 있다
태극기는 경기장 스탠드를 들어 올리고
응원단 함성은 경기장 지붕을 밀어 올린다
금메달은 시간을 짧게 쪼개고 있고
중계 해설자의 목청은 이미 옥타브 끝에서 터지고 있다
내 눈 밤잠은 어디로 튀었는지 알 바 없고
나만 TV 화면에 낙지처럼 붙어 영상을 흡입하고 있다
심장은 꺼꾸로 서서도 벌떡거리고
입천장은 가문 논 갈라지듯 바삭거린다
목으로 기어 오른 긴장이 머리통까지 와 있을 때
아! 금메달이다!
나는 갑자기 땀 닦는 선수가 되었다
선수들이 나를 향해 잘 싸웠다고 함성을 보낸다
나는 응원에 힘 입어 뒤로 훌렁 나자빠졌다
선수들이 TV 밖으로 뛰어나와 나를 헹가래친다

내가 보낸 응원이
살아가는 경기에 지친 나를 향하여
응원으로 반사(反射)되어 오고 있는 것이다.

숨겨진 폭력 들추기

김 동 진

화려하게 잘 꾸민 새장 안
관상용 새들은 나는 것 잊은 지 오래다
모양나게 잘 지은 개〔犬〕 진열장
강아지들도 이제 달리지도 못한 인형 다 되었다

풍요로 가득찬 포도밭 같지만
그 포도송이들 하나같이 철망에 묶여 검게 타들고 있다
수려한 정원 길을 걷다 보면
여러 관상수들 이리 잘리고 저리 잘려
하! 조각처럼 잘 다듬어져 있다
우리 집 거실에도
분재 한 그루 10년 되었는데도 키는 그대로다

숨겨진 잔인한 폭력들
누가 자행한 짓인지 들추어 본다

출입금지 표지

김 동 진

우리가 등산로를 오르다 보면
사람은 다니지 말라는
출입금지 표지판을 보게 됩니다.

샛길로 가는 입구에도
개곡물 흐르는 길 변에도
위반시 과태료 30만 원 부과 라는 붉은색 경고문이
우리를 감시하고 있습니다.

산에서는 사람은 짐승입니다.
산은 사람의 것이 아니고 산짐승들의 것입니다.
산은 탐욕과 파괴가 본성인 문명을 사절합니다.

그래서
산짐승은 다녀도 사람은 다니지 말라는
출입금지 표지에게는
사람은 문명을 뒤집어쓴 짐승인 것입니다.

골바람이 불자
짐승이 된 사람들이 흔들거립니다.
출입금지 표지도 따라서 흔들거립니다.

춘란(春蘭)의 개화를 보면서

김 동 진

꽃은 그들의 인고(忍苦)의 세월이야
세월을 이긴 그들의 아픔이야
길고 쉼없는 그들의 웃음 연습이야
그것을 사람들이 꽃이라 부를 뿐이야

꽃은 새처럼 소리로 웃을 수는 없지만
귀 기울이면 그 웃음소리 잘 들을 수 있어
그리고 알 수 있어
웃음이 왜 그렇게 가슴 두근거리는 것인지를
꽃이 왜 환희를 가져다주는 것인지를

그들은 이미 씨앗시절부터 웃음을 가꿀 줄 알고
차곡차곡 둥근 내공을 쌓아 온 것이야
긴 역사(役事)를 이룩한 것이야

오늘 아침
우리 집 베란다 춘란 한 송이
하! 환희의 산통(産痛)이 크겠다
얼마나 긴 연습이 지금 터지고 있는 것일까

김경희

- 흔들려야 사람이다
- 판단력 제로상태
- 여인개론
- 두 글자를 품다
- 평화로(平和路) 사방치기
- 진통제
- 앎
- 무궁화 열차를 타고

- 필명 : 自然이
- 50년대 저항 시인, 김 악(金岳)의 3녀
- 동양방송 미술부 근무
- 영등포 제이씨 역대 부인회장단
- 한국문인협회 홍보위원
- 자연문학회 회장
- 을지출판공사 편집부장
- 구로문인협회 감사
- 세계시문학회 편집부장
- 한국현대시얼, 자유시협 수석부회장 역임
- 시 쓰는 사람들 동인
- 문예사조 문학상 수상
- 시집 : 『아름다운 질타』『영혼속의 영혼스케치』 외 공저 수십 권
- 신문, 리더스다이제스트 수필 등등

- 휴대폰 : 010-2488-7419
- 블로그 주소 : http:/blog.daum.net/kkh7419. 김악 시인을 위로하며
- 자연문학회 카페: http:/cafe.daum.net/kkhmunhak

흔들려야 사람이다

김 경 희

분홍빛 강물
헤집는 산들바람 소살거림에
흔들리지 않는다면
사람일지라도 사람이 아니다

산과 강이 포개질 때
너는 저기 나는 여기
씨줄과 날줄 교차로엔
보이지 않는 키스자국들

처음에는 무심히
볼 이마 스치다가
목, 어깨 가슴속으로
조근조근 이는 감각의 물결

열정의 마지노선에서
여린 피부 스치는
바람의 달콤한 입맞춤 하나로도 족하다면
위태로운 나뭇잎들조차 사람이다

판단력 제로상태

김 경 희

다이아몬드 반지도
파헤쳐 보면 금강석
돌댕이

명품 백
빛 좋은 개살구
그거 결국, 가방이잖아

호화주택
잠시 머물다 떠나는 사람들
짐덩이에 불과해

골프공
속을 뒤집어보니 빨간
바람들로 가득 채워졌더군

너, 너야말로
별만 품고 사는 비정상인
겉은 멀쩡해 보이잖아

여인개론

김 경 희

둘러보면
섬돌이엄마, 깽깽이엄마, 깍궁이엄마
그 여인들에겐 아무런 죄가 없었다

해바라기, 채송화
피마자 씨앗들 여물면 멍석이 깔리고
저녁마다 축음기가 돌아가던 우리 집,

늘상 가슴 허전한
예술가들의 온천장인
넓은 마당도 한몫 단단히 챙겼다

세 아낙들 조건은 오직 하나.
사랑에 대한 갈망갈망갈망
무정한 남자 곁엔 머물 수 없었을 터 -

여자란 사랑에 목숨 걸기에
자식보다 사랑 없인 못살기에
무관심한 아버지 곁을 떠날 수밖에 없었을 거다

두 글자를 품다

김 경 희

첩첩산중으로 들어갔다
갑작스런 낙숫물에
잎새들이 비명을 지른다

좋다 좋다 좋다
연이어 터지는 소리소리
너 때문에 글자맛 알았다

어느 해던가
소낙비 거리에서
유리창 내려지며 들리던 형용사

비, 눈, 바람
그저 쏟아지기만 하면
들려오던 시원한 감탄사

인연 하나만으로도
별다른 수식어들 필요 없이
우린 헤어져 견딜 수 있기에 아주 좋다

평화로(平和路) 사방치기

김 경 희

쏴아~쏴아~소낙비
바다를 번개로 두드리며
왜 이리 가슴 뛰게 만드느냐
소라소리 들리지 않는 장막속에서
으름장 놓고 불러대느냐
우르릉 우릉, 다 내놓고
절뚝이며 따라 오라느냐
싫다 위험해 보여 싫다
삼만리 헤매 돌면서
이름 모른 소낙비 수없이 맞았노라
맞을수록 젖을수록
오른뺨 왼뺨 단정히
깎여진 게 참으로 다행스럽다
멋모르고 태어난 숨,
절로 끊게 될까 봐 무서워 복종했다
덕분에 내면은 탄탄해졌다
어르신 무료 교통 카드에
안위자격증 들어 있더라
어쩔래 어쩔래 쓰러트려 봐 봐
지금 난 깨금발이야~

진통제

김 경 희

여린 풀잎
손 내미는 걸 바라보며
아스팔트에 뿌리 내리는
민들레가 울고

갈대 흐느끼는 걸
바라보며
헐벗은 겨울나무가
서럽게 우는 걸 보라

너와 나의
치유될 수 없는
상처의 명약은
울음뿐 -

허공 바라보며
눈물과 눈물로
풀어내야만
줄어드는 생명의 통증

앎

김 경 희

결국,
머릿속을 교란시키는 건
짚어보니 눈동자 두 개라며
배꼽이 하하대며 웃었다

코와 입이 동조하자
가장 친해야 할
오른손과 왼손이 다툰다며
발가락이 교대로 고자질 해댔다

놀란 콩팥이 가쁘게 헐떡이자
간 얼굴이 검푸르게 변했다
부글거리는 위장의 화풀이에
소장, 대장 입술이 발갛게 부르텄다

한 마리 벌레 소갈딱지만도
못한
내 몸뚱이 속 질투의 화신들이
만신창이 되어 쓰러지니 모두 보였다

무궁화 열차를 타고

김 경 희

달리는 차창 밖,
남녘 아래로 아래로 내려갈수록
흐드러진 꽃송이 송이
솜털 보송송 일어선 꽃잎 꽃잎들
생기 어린 모습 눈으로 들어옵니다
땅 끝 마을 휘돌아 돌아
거침없이 돌아 방향 되돌려
북으로 북으로 쉼 없이 달려가다 보면
들녘엔 땅강아지 보이지 않고
까치나 두루미 흔적조차 없습니다
변덕살이 바람이 경계선 넘나들며 허풍선 띄우고
공작새를 키운 세월, 68년 동안
북녘 꽃나무들 아사 직전 광경만 눈에 밟힙니다
도라산 기찻길 다시금 녹슬어 가고
마른 이슬에 고개 숙인 작은 들꽃들
금강산 올려다보며 산신령님께
보살펴 달라 비는 모습 너무나 안타깝습니다
평화의 댐 지나 강원도 양구군,
토끼들 오가는 길목 쓸어놓고
무궁화꽃 우수수 떨어진 두타연에 서서
벌과 나비 꽃술편지에 시드는 북녘 꽃나무들에게
잘 견디거라 써서 바람결에 접어 날려 보냅니다

* 두타연 : 6.25 전쟁 때 수많은 중공군이 사망한 국토 정중앙 골짜기

저자와의
협약으로
인지생략

시 쓰는 사람들 동인지 제10집

꽃과 햇살 그리고 사랑

초판 발행 2013년 10월 18일

지은이 | 이준안 외
펴낸이 | 김효열
편집부장 | 김경희
편 집 | 이미정
마케팅 | 김효숙 · 김영미
펴낸곳 | **을지출판공사**

등록번호 | 제 2-741호
등록일자 | 1985년 2월 14일
주 소 | 서울시 마포구 양화로6길 27-5(서교동) 301호
우편번호 | 121-840
전 화 | 02) 334-4050
팩 스 | 02) 334-4010
E-mail : ejp4050@hanmail.net

값 10,000원

* 잘못된 책은 바꿔 드립니다.

ISBN 978-89-7566-146-4 03810

※ 이 책은 김포시 문화예술행사지원금 일부를 보조받습니다.